아홉살 사장님

아홉살 사장님

글 서지원 • 그림 시은경

 **머리말**

절약으로 올바른 경제 습관을 길러요

'돈이 정말 많으면 좋겠어. 내 마음대로 쓰고, 내 마음대로 다 하고.'
이런 상상을 해 본 친구가 있을 거예요. 어른들도 이런 상상을 하면서 복권을 사곤 하지요. 하지만 돈이 정말 많다고 해서 행복해지는 것은 아니에요. 오히려 돈이 너무 많아서 불행해진 사람들도 많아요. 평범하게 살던 가족이 복권에 당첨된 뒤 서로 돈을 갖겠다고 다투다가 불행해진 이야기들을 신문 기사에서 종종 볼 수 있어요.

물론 사람들은 누구나 부자가 되고 싶어 해요. 더 많은 것을 가지려고 욕심을 부리지요. 욕심을 부리는 게 나쁜 것은 아니지만, 너무 심하게 욕심을 부리면 문제가 돼요. 돈 외에 다른 것에서 얻을 수 있는 행복을 발견하지 못하고 자기 자신뿐만 아니라 다른 사람들까지 불행하게 만들지요.

우리는 절제를 할 때와 욕심을 부릴 때를 구분할 줄 알아야 해요. 어떤 조사에 따르면, 사람들이 사는 물건의 반 이상이 실제로는 필요 없는 물건이라고 해요. 별로 필요가 없거나 한두 번 쓰고 말 물건들을 사느라 돈을 쓰고, 시간을 쓰지요. 이런 것이 바로 우리를 해치는 낭비예요.

사람의 욕심은 끝이 없어요. 하나를 가지면 열을 가지고 싶고, 열을 가지면 백을 가지고 싶은 게 사람의 욕심이라고 해요. 갖고 싶은 물건

이 없는 사람이 있을까요? 예쁘고 좋은 물건을 보면 누구나 다 사고 싶고 갖고 싶어 하지요. 하지만 절약하는 사람은 그런 것을 참을 줄 알아요. 아껴 쓰고 저축하는 올바른 경제 습관이 몸에 배면 욕심을 이기는 힘이 생겨요. 마음을 절제하고, 유혹을 이겨 내는 힘이 생겨요. 물론 절약은 무조건 참기만 하는 건 아니에요. 절약은 안 쓰는 게 아니라, 제대로 쓰는 거예요. 무조건 참는 게 아니라, 알맞게 조절하는 거예요.

올바른 경제관을 가지고 절약하는 사람은 다른 사람보다 성공에 한 걸음 더 다가가 있는 사람이에요. 절약을 잘하려면 우선 목표를 정하세요. 목표가 분명하면 참는 것도 즐겁고 행복해져요. 어떤 유혹도 이겨 낼 수 있어요. 그리고 이것이 결국 우리를 강하게 해 준답니다.

여러분의 친구, 서지원

 차례

다빈이네 가족의 특별한 쇼핑 * 8

 지우개 사건 * 24

돈이 최고야 * 36

 회장님 할아버지 * 42

 진짜 부자가 되는 법 * 60

무엇이 우리를 행복하게 할까? * 76

 절약의 달인이 되자 * 92

절약은 감사이며 나눔이다 * 104

다빈이네 가족의 특별한 쇼핑

"비켜요, 비켜 주세요. 다빈이 나갑니다."

토요일 오후라서 그런지 마트는 사람들로 북적거렸습니다. 다빈이는 카트를 몰고 앞으로 나아갔습니다. 다빈이의 카트에는 엄청나게 많은 물건들이 쌓였습니다.

샴푸, 시리얼, 옷걸이, 담요, 그릇, 주스, 통조림, 과자, 소시지……. 아빠와 엄마, 다빈이가 고른 물건들이 점점 카트를 채웠습니다.

"잠깐만!"

아빠가 뭔가를 발견한 듯 소리쳤습니다. 아빠는 전자 제품 진열대 앞에 멈춰 섰습니다. 진열된 텔레비전들에서 뉴스가 나오고 있었습니다.

"우리나라의 과소비 습관이 점점 심각해지고 있는 것으로 드러났습니다. 허리띠를 졸라매고 절약하는 사람들은 줄어들고, 신용 카드를 이용해 온 가족이 해외여행을 다니는 등 과소비를 하는 사람들이 늘어나고 있습니다. 이에 따라 정부는……."

아빠는 텔레비전을 이쪽저쪽 살펴봤습니다.

"와, 이 텔레비전 멋있다! 새로 나온 모델인가 봐. 인터넷도 되네."

아빠가 감탄을 터트렸습니다.

"아빠, 우리 이거 사요!"

다빈이가 말했습니다.

"좋긴 한데……, 지금 텔레비전이 오래되기도 했고……. 근데 너무 비싼 것 같아."

엄마가 망설였습니다.

"아빠, 카드로 사면 되잖아요."

다빈이가 또 말했습니다. 다빈이는 카드만 있으면 뭐든 다 살 수 있다고 생각했습니다.

"아, 그렇지! 카드로 사면 할부로 살 수 있지?"

아빠는 계산대로 가서 신용 카드를 쓱 내밀었습니다.

"24개월 할부로 해 주세요."

다빈이는 카드로 척척 물건을 사는 아빠가 자랑스러웠습니다.

다빈이네 가족은 다시 산더미처럼 물건이 쌓인 카트를 밀며 앞으로 나아갔습니다. 사람들이 다빈이네 카트를 보고 입을 쩍 벌리며 놀랐습니다.

다빈이네 가족은 물건을 하나씩 계산대에 올려놨습니다.

"여보, 샴푸를 열 통이나 샀어?"

아빠가 물었습니다.

"묶음 세일하더라고요. 이렇게 사면 30퍼센트나 싸거든요. 그리고 어차피 나중에 다 쓸 텐데요, 뭐."

엄마가 대수롭지 않게 말했습니다.

"그런데 여보, 염색약은 왜 사요? 흰머리도 없으면서."

이번에는 엄마가 물었습니다.

"언젠가는 생기겠지. 우리도 늙을 테니까. 그리고 이것도 50퍼센트나 세일하더라고."

"이건 무좀약이잖아. 누가 산 거야?"

엄마 아빠가 동시에 물었습니다.

"제가 산 거예요."

다빈이가 대답했습니다.

"다빈아, 무좀 생겼니?"

"아니요. 소풍 가면 많이 걷는다더라고요. 무좀이 생길까 봐 미리 사 두는 거예요."

"아홉 살이 무좀은 무슨 무좀. 이건 다시 갖다 놔."

"놔 둬. 우리 가족 가운데 누군가 생기겠지. 그때 쓰면 돼."

아빠가 엄마를 말렸습니다.

다빈이네 가족의 쇼핑은 이렇게 끝이 났습니다. 엄청나게 많은 물건들을 두 손에 들고 세 사람은 뒤뚱거리며 마트를 나왔습니다. 다빈이는 낑낑거리며 당장은 쓰지 않을 무좀약과 염색약을 들었습니다.

"아후, 팔이 빠져 버릴 것 같아요. 팔이 빠지면 뭘로 밥

을 먹어요?"

"조금만 더 가면 돼. 조금만 참아라."

다빈이네 가족은 땀을 뻘뻘 흘리며 식당에 들어섰습니다. 한 달에 한 번은 꼭 찾는 뷔페식당이었습니다.

다빈이네 가족은 음식이 차려진 식탁 주변을 돌면서 접시에 음식을 담기 시작했습니다. 불고기도 담고, 잡채도 담

역시 우리는 뷔페 체질

고, 케이크도 담고, 만두도 담고, 닭튀김도 담고, 햄도 담았습니다. 다빈이네 가족의 접시에는 엄청나게 많은 음식이 담겼습니다. 조금 전 많은 물건이 담긴 카트처럼요. 사람들이 다빈이네 가족을 보고 입을 떡 벌렸습니다.

"우리는 역시 뷔페 체질이야. 허리띠 풀어. 배가

터지도록 먹어 보자고. 고고씽!"

후루룩 훅, 쩝쩝 짭짭, 야금야금 냠냠…….

다빈이네 가족은 진공청소기처럼 음식을 입에 넣기 시작했습니다. 마치 먹기 대회에 나온 선수들 같았지요. 접시가 하나둘 쌓이기 시작했습니다. 다빈이네 가족의 배는 남산만큼 부풀었습니다. 개미가 올라가 깃발을 꽂고 야호, 하고

소리를 질러도 될 정도였습니다.

뷔페식당의 한쪽 벽에는 커다란 사진이 붙어 있었습니다. 사진 속에는 굶주린 아프리카 아이들이 반짝거리는 눈망울로 다빈이네 가족을 바라보고 있었습니다. 사진 속의 어떤 아이는 진흙을 구워 만든 빵을 먹고 있었습니다. 사진 밑에는 이런 글이 붙어 있었습니다.

〈지구촌에는 여전히 굶주리는 아이들이 많습니다. 음식을 남기지 마세요. 음식을 남기면 벌금 1만 원을 받아 굶주리는 아프리카 아이들에게 기부하겠습니다.〉

세 식구는 먹고 먹고, 또 먹었습니다. 그래도 가져온 음식을 다 먹지는 못했습니다.

"헉헉, 이거 다 못 먹으면 벌금 내야 한대요. 당신이 좀 더 먹어요."

엄마는 배가 불러 숨을 헐떡거리면서 말했습니다.

"컥컥, 난 더는 못 먹어. 음식이 목까지 찼어. 다빈아, 네

가 마저 먹어."

"힉힉, 아빠 저 건드리지 마세요. 토할 거 같아요. 힉힉."

아빠는 주변 눈치를 살폈습니다.

"좋은 수가 있어. 남은 음식을 냅킨에 싸서 몰래 쓰레기통에 버리는 거야."

다빈이네 가족은 냅킨에 남은 잡채와 치킨, 떡과 케이크를 쌌습니다. 엄마 아빠는 몰래 쓰레기통에 넣는 데 성공했습니다. 그런데 다빈이가 그만 발이 꼬이면서 바닥에 넘어

져 버렸습니다.

"아이코!"

다빈이가 들고 있던 냅킨에 싼 음식들이 바닥에 와르르 쏟아졌습니다.

"지금 뭐 하는 겁니까? 음식을 몰래 버리다니요!"

주인이 달려와 눈을 치켜떴습니다.

"죄…… 죄송합니다. 먹다가 남아서 그만…….''

다빈이네 가족은 주인 아저씨에게 연신 고개를 숙이며

사과했습니다. 그 모습이 마치 방아깨비 같았습니다.

"너무 욕심을 부리시니까 그런 것 아닙니까? 먹을 만큼만 갖고 오셨어야지요. 저길 보세요!"

주인 아저씨는 손으로 한쪽 벽에 걸려 있는 사진을 가리켰습니다. 굶주린 아프리카 아이들이 다빈이네 가족에게 우리도 먹을 것 좀 주세요, 하고 말을 거는 것 같았습니다.

"벌금을 내셔야겠습니다. 남긴 음식이 너무 많아요."

"그…… 그게……."

주인 아저씨는 손을 내민 채 입술을 굳게 다물었습니다. 어떤 변명도 듣지 않겠다는 단호한 표정이었지요. 아빠는 지갑에서 만 원짜리를 꺼내 내밀었습니다. 하지만 주인 아저씨는 고개를 저었습니다.

"일인당 만 원입니다!"

"히익!"

아빠는 다시 부들부들 떨리는 손으로 지갑에서 만 원짜리 두 장을 더 꺼냈습니다.

"벌금은 아프리카 아이들을 위해 기부하겠습니다. 모금

함에 돈을 넣어 주세요."

아빠는 계산대 위에 있는 모금함에 돈을 넣었습니다.

다빈이네 가족은 다시 엄청나게 무거운 쇼핑백을 들고 식당을 나섰습니다. 배는 남산만큼 부르고, 쇼핑백은 무겁고, 다리는 휘청거렸습니다.

"아휴, 우리가 왜 이렇게 물건을 많이 샀을까?"

"엄마가 필요 없는 샴푸를 열 통이나 사서 그렇잖아요."

"네가 필요 없는 무좀약을 샀으니까 그렇지."

"아빠가 필요 없는 염색약을 사서 그래요."

다빈이네 가족은 길거리에서 서로를 탓하면서 말다툼을 했습니다. 그때 아빠의 휴대폰이 울렸습니다.

"텔레비전이 벌써 도착했다고요? 지금 집 앞이라고요? 알았습니다. 당장 달려갈게요."

아빠는 쇼핑백을 바닥에 내려놓으며 말했습니다.

"여보, 다빈아, 미안해. 지금 빨리 가야 해서 쇼핑백을 못 들고 가겠어. 물건 들고 천천히 와."

"아빠! 우리가 이걸 어떻게 다 들고 가요?"

다빈이가 다급하게 외쳤지만, 아빠는 쏜살같이 집을 향해 달려갔습니다. 엄마와 다빈이의 짐은 더 무거워졌습니다. 다빈이는 팔이 늘어나서 고릴라가 될 것 같았습니다.

"에구에구, 돈은 돈대로 쓰고, 벌금은 벌금대로 내고. 욕심 부리다가 이게 무슨 꼴이야."

엄마는 땅이 꺼지도록 한숨을 푹푹 내쉬었습니다. 다빈이는 울고 싶어졌습니다. 필요 없는 물건들을 길거리에 다 버리고 도망치고만 싶었습니다.

날 짜	20◇◇년 ◇월 ◇일 ◇요일	날씨	맑음

오늘 엄마 아빠와 함께 쇼핑을 했다. 아빠도 사고 싶은 걸 사고,

엄마도 사고 싶은 걸 사고, 나도 사고 싶은 걸 샀다.

그랬더니 물건이 산더미처럼 쌓여서 앞이 보이지 않았다.

돈은 역시 좋은 것이다. 사고 싶은 걸 마음대로 살 수 있으니까!

나는 나중에 돈을 많이 벌어서 마음껏 쓸 거다.

그러면 얼마나 행복할까?

우리 가족이 한 달에 한 번 가는 뷔페식당에서 먹고 싶은 걸

마음껏 먹었다. 그때까지는 좋았는데, 음식을 남겨서 벌금을 내고

주인 아저씨에게 망신을 당했다. 돈을 내고 밥을 먹었는데

음식을 남겼다고 해서 왜 벌금을 내야 할까?

오늘의 궁금증?

뷔페식당 주인 아저씨는 아프리카 어린이들에게

우리가 낸 벌금을 보내겠다고 했다. 참 이상하다.

왜 우리 돈을 아프리카 어린이들에게 보내는 걸까?

지우개 사건

"이거 봐라. 진짜 멋있지? 예쁘지? 갖고 싶지?"

다빈이가 교실에 들어섰을 때, 민희는 가방을 메고 교탁 앞을 왔다 갔다 하고 있었습니다. 가방은 분홍색 곰 모양이었습니다. 민희는 패션쇼를 하는 모델처럼 사뿐사뿐 걸었습니다. 아이들의 머리가 민희를 따라 왔다 갔다 했습니다.

"와, 가방 예쁘다! 얼마짜리야?"

혜지가 부러운 얼굴로 물었습니다.

"이거 엄청 비싼 거야. 이모가 외국에 갔다 오면서 사다 준 거거든."

민희가 말했습니다.

"치, 겨우 그거 갖고 자랑이야? 우리 집에는 최신식 텔레비전 있다! 입체 영화도 나오고, 인터넷도 돼."

다빈이가 자랑을 했습니다.

"그건 우리 집에도 있어! 두 대나 있다고!"

민희가 혀를 날름 내밀면서 약을 올렸습니다. 다빈이는 잘난 척하는 민희가 얄미웠습니다.

"이거 봐라. 이거 어제 우리 아빠가 사 준 거다! 우리 아빠는 엄청나게 부자야. 카드가 열 장도 넘게 있어."

다빈이는 가방에서 지우개 봉지를 꺼냈습니다. 봉지 안에 색색의 캐릭터 지우개가 열 개도 넘게 들어 있었습니다.

"내가 하나씩 줄게. 갖고 싶은 사람은 내 앞에 줄 서!"

다빈이가 교탁 앞에 서서 아이들에게 소리쳤습니다.

"우아, 나도 줘!"

"나도!"

"내가 먼저야! 저리 비켜!"

아이들은 우르르 교탁 앞으로 몰려갔습니다. 교실은 순식간에 어수선해졌습니다. 물건을 먼저 사겠다고 달려가는 마트의 아줌마들 같았습니다.

다빈이는 거들먹거리면서 말했습니다.

"내가 하나씩 나눠 줄 테니까 두 손으로 받고 감사합니다, 해. 인사 안 하면 안 줄 거야."

"응!"

다빈이는 숙제를 검사하는 선생님처럼 의젓한 자세로 지우개를 하나씩 나눠 줬습니다.

"감사합니다, 형님."

철민이는 아예 부하처럼 굽실거렸습니다.

"이런 지우개 우리 집에 엄청나게 많아! 우리 집에는 샴푸도 많고, 염색약도 많고, 무좀약도 엄청 많아! 난 그래서 이런 지우개는 한 번 쓰고 버려."

다빈이는 두 팔을 크게 벌리면서 자랑했습니다. 그리고 별 모양 지우개로 쓱쓱 교탁을 문지르고는 휙, 바닥에 던져 버렸습니다.

지우개는 데구루루 굴러 솔찬이 앞에서 멈췄습니다. 솔찬이는 지우개를 줍더니 다빈이에게 내밀었습니다.

"너 가져."

다빈이가 어깨를 우쭐대면서 말했습니다.

"난 지우개 있어."
솔찬이가 대답했습니다.
"이런 지우개는 우리 집에 잔뜩 있다니까. 난 한 번 쓰고 다 버려. 우리 집 부자거든. 그러니까 그 지우개는 그냥 너 가져."
다빈이는 으스대며 말했습니다.
솔찬이는 다빈이에게 지우개를 다시 내밀며 말했습니다.
"지우개가 많더라도 물건을 함부로 버리면 안 돼. 선생님께서도 물건을 아낄 줄 알아야 한다고 하셨잖아. 이 지우개 도로 가져 가. 그리고 다 닳을 때까지 써."
"뭐야?"
다빈이는 얼굴이 새빨개졌습니다.
교탁에 있던 다빈이는 씩씩거리며 내려와 솔찬이를 밀쳤습니다. 솔찬이는 뒤로 벌렁 자빠지며 엉덩방아를 쿵, 찧었습니다. 다빈이는 그걸로도 모자라 솔찬이에게 달려들어 옷을 잡고 흔들었습니다.
"놔! 이거 놓으라고!"

"가만 안 둘 줄 알아!"

그때 교실 문이 드르륵 열렸습니다.

"이게 무슨 짓들이야?"

선생님이 놀란 얼굴로 소리쳤습니다. 선생님의 눈썹이 위로 올라갔습니다.

"친구들끼리 싸우는 건 나쁜 거라고 했어, 안 했어? 대체 왜 싸운 거야?"

"다빈이가 아이들한테 지우개를 막 나눠 줬어요. 그런데 솔찬이가 안 갖겠다고 그래서……."

선생님의 눈동자가 다빈이를 향했습니다.

"정다빈, 지우개를 왜 아이들에게 나눠 줬어?"

"그게…… 우리 집에 많아서요."

다빈이는 기어들어 가는 목소리로 말했습니다.

선생님은 아이들을 둘러봤습니다. 아이들은 손에 색색의 지우개를 쥔 채 선생님을 바라봤습니다.

"다빈이가 준 지우개 다시 다 갖고 오세요."

아이들은 교탁 앞으로 지우개를 갖고 왔습니다. 교탁 위에는 지우개가 수북하게 쌓였습니다.

"부모님이 지우개를 사 주신 건 함부로 마구 쓰라고 준 게 아니에요."

선생님은 책상 밑에서 상자를 하나 꺼냈습니다. 그 안에는 연필과 색연필, 지우개, 칼, 가위 등 아이들이 쓰다가 버린 학용품들이 가득했습니다.

"이걸 보세요. 이 학용품들은 주인을 잃어버리고 캄캄한 상자에 갇혀 날마다 울고 있어요. 이 연필은 공부를 열심히 하는 주인을 만나 글씨를 쓰고 싶어서 세상에 태어났어요. 그런데 여러분은 이 연필을 잃어버리고 다시 찾으려고 하지도 않았지요? 이 가위는 색종이를 잘라 멋진 만들기를 하고 싶었지만, 지금은 주인을 잃어버리고 쓰레기통에 들어갈 처지가 되었어요. 여러분

이 엄마 아빠를 잃어버리면 무척 슬프겠지요? 이 학용품들도 마찬가지예요. 이 학용품들이 불쌍하지 않나요? 이 학용품들은 여러분의 공부를 도와주려고 태어난 친구들이잖아요. 그런데 왜 찾아갈 생각을 하지 않나요?"

"없어도 돼요. 집에 많아요. 선물받은 게 잔뜩 있어요."

현철이가 말했습니다. 선생님은 고개를 흔들고는 아이들을 둘러보며 말을 이었습니다.

"우리는 왜 아껴 써야 할까요? 절약은 왜 필요할까요?"

"돈을 모으기 위해서요."

이번에는 민지가 말했습니다. 선생님은 또다시 고개를 저었습니다.

"절약은 돈 때문에 하는 것만은 아니에요. 돈이 많은 부자들도 절약을 해요."

"돈이 엄청 많은데, 왜 절약을 해요?"

다빈이가 물었습니다.

"부자들도 구멍 난 양말을 기워 신고, 한 번 산 구두가 다 닳을 때까지 신기도 해요. 부자가 왜 절약을 할까요? 여러분, 한번 잘 생각해 보세요. 여러분이 돈이 아주 많은 부자예요. 그런데 돈이 많다고 펑펑 쓰면 정말 좋기만 할까요?"

선생님의 질문에 아이들은 고개를 갸웃거렸습니다. 다빈이도 선생님의 질문에 대답하지 못했습니다. 선생님은 아이들이 대답을 할 때까지 한참 동안 가만히 기다렸습니다.

솔찬이가 조심스럽게 손을 들었습니다.

"저희 엄마가 그러셨는데요, 절약을 하면 욕심을 버리게 된대요. 그리고 또 참을성이 생긴대요."

선생님의 입가에 미소가 번졌습니다. 그건 솔찬이가 무척 대답을 잘했다는 뜻이었지요. 선생님은 솔찬이에게 다가가 머리를 쓰다듬었습니다.

"솔찬이의 얘기, 다들 잘 들었나요? 절약을 하면 우리는 참을 줄 아는 사람이 돼요. 지나친 욕심을 버리게 되고, 나 자신을 조절할 줄 알게 돼요. 무엇이든 너무 욕심을 부리다 보면 욕심의 늪에 빠져서 행복해지지 못해요."

선생님은 다시 뚜벅뚜벅 교탁 앞으로 걸어 나왔습니다.

아이들의 눈도 선생님을 따라 움직였습니다.

"세상에서 제일 중요한 건 돈이 아니에요. 우리의 마음이지요. 절약은 우리에게 바른 마음을 갖게 해 줘요. 돈을 어떻게 써야 하는지 바른 가치를 깨닫게 해 줘요. 여러분이 지금부터 올바른 경제 습관을 키운다면 어른이 되어서도 바르게 살 수 있어요. 선생님은 여러분이 돈을 버는 방법보다 절약을 하는 방법을 배웠으면 좋겠어요. 그런 의미에서 우리 모두 솔찬이에게 박수를 쳐 줄까요?"

짝짝짝짝…….

아이들의 박수 소리가 교실을 가득 채웠습니다. 선생님은 교탁 위의 지우개를 다빈이에게 다시 돌려줬습니다.

"다빈아, 지우개가 너무 많구나. 물건이 많으면 물건의 소중함을 잘 느끼지 못하는 법이지. 너무 욕심 부리지 않는 다빈이가 되었으면 좋겠구나."

다빈이는 얼굴이 빨개져서 고개를 푹 숙였습니다. 그때 현철이가 선생님 몰래 손가락을 흔들면서 '나, 한 개만.' 하는 손짓을 보냈습니다.

돈이 최고야

딩동댕동.

수업이 끝나는 종소리가 울렸습니다. 아이들은 신이 나서 교문 밖으로 뛰어나갔습니다.

다빈이는 학교 앞에 있는 마우스 문구점에 들렀습니다. 그리고 주머니에서 돈을 꺼내 무지개 과자를 샀습니다. 무지개 과자는 선생님이 사 먹지 말라는 불량 식품이었지만, 다빈이는 날마다 하나씩 사 먹었습니다.

문구점에서 막 나오는 길에 다빈이는 반 아이들을 만났습니다.

"어, 무지개 과자다!"

"다빈아, 맛있겠다."

아이들이 우르르 다빈이에게 모여들었습니다. 현철이가 손가락을 내밀었습니다.

"나, 한 입만. 딱 한 입만."

"형님이라고 부르면 한 입 줄게."

"형님! 대장님! 아빠!"

"내가 언제 널 낳았냐?"

다빈이는 못 이기는 척 현철이에게 과자를 줬습니다. 현철이는 입이 찢어지도록 벌리더니 한 입 크게 깨물었습니다. 그러자 손바닥만 했던 과자가 손톱만큼 남았습니다.

"이게 어떻게 한 입이냐? 너 다 먹어라."

다빈이는 현철이에게 남은 과자를 주고는 다시 주머니에서 돈을 꺼냈습니다. 종이돈과 동전이 다빈이 손에 가득 잡혔습니다.

"와, 돈 많다! 다빈이네 집은 정말 부자인가 봐."

아이들은 입을 벌리며 감탄했습니다.

다빈이는 어깨를 들먹이며 우쭐거렸습니다. 하지만 그건 다빈이 돈이 아니라 다빈이가 다니는 피아노 학원에 갖다

줄 돈이었습니다. 엄마가 오늘 꼭 피아노 학원비를 내라며 다빈이에게 맡긴 것입니다.

"우리 집에 돈 많다니까. 너희 먹고 싶은 거 하나씩 사 먹어."

"정말이야? 정말로?"

아이들은 문구점으로 들어가 불량 식품들을 하나씩 들고 나왔습니다. 그 모습을 보고 다빈이가 모르는 다른 반 아이들까지 문구점에 들어가 불량 식품들을 가지고 나왔습니다. 잠시 뒤 문구점 불량 식품은 하나도 남지 않았습니다.

다빈이는 그래도 돈이 아깝지 않았습니다. 아이들이 넙죽넙죽 고맙다는 인사를 했기 때문에 대단한 사람이 된 것 같았으니까요.

그때 솔찬이가 문구점 앞을 지나갔습니다. 다빈이는 솔찬이한테 불량 식품을 하나 던졌습니다. 불량 식품이 바닥에 툭 떨어졌습니다.

"야, 하나 먹어라."

다빈이가 인심 쓰듯 말했습니다. 솔찬이는 바닥에 떨어진 과자를 집어 들었습니다.

"다빈이 형님한테 고맙다고 해야지!"

헌철이와 민석이가 쫄쫄이 과자를 씹으면서 말했습니다. 하지만 솔찬이는 터벅터벅 걸어와 다빈이 손에 과자를 쥐여 주고는 그대로 건널목을 건넜습니다.

"쳇, 잘난 척하긴. 선생님은 저런 애가 뭐가 좋아서 칭찬을 하셨지?"

민지가 빈정거렸습니다.

"솔찬이가 멘 저 가방 있지? 저거 내가 버린 거야. 우리 엄마가 필요 없다고 재활용 수거함에 버린 걸 솔찬이가 주워서 쓰는 거야."

준현이가 입 안 가득 과자를 문 채 말했습니다.

"솔찬이가 입는 옷, 신발 모두 주운 거 아냐?"

"어휴, 더러워."

아이들은 끝도 없이 솔찬이 흉을 봤습니다.

"우리 반에는 거지와 부자가 있어."

현철이가 말했습니다.

"누구?"

"부자는 다빈이고, 거지는 솔찬이야."

"맞다! 부자와 거지!"

아이들은 배를 잡고 깔깔거렸습니다.

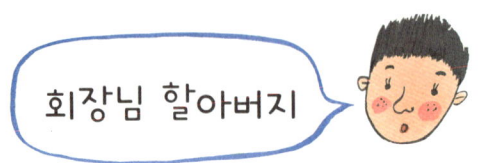

회장님 할아버지

"남은 돈이 이것밖에 없어? 대체 얼마나 쓴 거야?"

찢어질 듯한 엄마의 목소리가 거실에 울렸습니다. 다빈이는 겁을 먹은 거북처럼 목이 쑥 들어갔습니다.

엄마 앞에는 다빈이가 꺼내 놓은 돈이 있었습니다. 얼마 남지 않은 돈이 휴지 조각처럼 구겨져 있었습니다.

"엄마 아빠도 마트에서 돈 많이 썼잖아."

다빈이는 변명을 하듯 중얼거렸습니다.

"이거랑 그거랑 똑같아? 이건 학원비야, 학원비! 학원비를 누가 함부로 쓰래! 얼마나 더 혼나야겠어?"

엄마는 더욱 화가 난 목소리로 소리를 질렀습니다. 이러다가 엄마한테 회초리로 맞을까 봐 다빈이는 겁이 났습니다. 엄마가 호통을 칠 때마다 다빈이는 점점 더 작아졌습니다. 이렇게 작아지다가는 개미처럼 작아질 것 같았습니다.

"오늘 간식은 없어! 당장 나가서 반성하고 돌아와!"

다빈이는 개미처럼 작아진 몸으로 집에서 쫓겨났습니다.

"흑흑, 흑흑흑……."

다빈이는 울면서 집에서 나왔습니다. 하지만 어디로도 갈 데가 없었습니다. 아까까지만 해도 아이들이 다빈이를 졸졸 따라다녔지만, 지금은 아무도 없었습니다.

다빈이는 놀이터로 향했습니다. 벤치에 앉아 훌쩍거리면서 눈물과 콧물을 닦았습니다.

"돈만 많으면 친구도 많을 텐데……. 과자 사 준다고 하면 다 나올 텐데……. 돈이 없으니 친구도 없네."

다빈이는 주머니에서 아까 샀던 불량 식품을 꺼내 씹었습니다. 이상하게 맛이 하나도 없었습니다.

덜그럭, 덜그럭…….

놀이터 건너편에 있는 쓰레기통 쪽에서 소리가 났습니다. 어떤 사람이 재활용 수거함을 뒤지고 있었습니다. 동네 사람들이 분리수거를 해서 버린 옷과 플라스틱 상자, 신문지 등이 쌓여 있었습니다.

'앗, 거렁뱅이 할아버지잖아?'

쓰레기를 뒤지는 사람은 바로 동네 할아버지였습니다. 언제나 작은 수레를 끌고 다니면서 남이 버린 물건을 주워 가는 할아버지였습니다. 그래서 아이들은 거렁뱅이 할아버지라고 쑤군거렸습니다.

할아버지는 오늘도 누군가 버린 옷과 작은 서랍장을 수레에 실

었습니다. 그때 다빈이와 할아버지의 눈이 마주쳤습니다. 할아버지는 싱긋 하고 눈웃음을 보였습니다.

"넌 왜 여기 혼자 있니? 친구들하고 안 놀고?"

다빈이는 말없이 가만히 있었습니다. 할아버지는 주머니에서 솜사탕 과자를 꺼내 내밀었습니다. 다빈이가 가장 좋아하는 과자였습니다.

다빈이는 망설이다가 조심스럽게 받았습니다. 입에 넣으니까 사르르 금방 녹아 버렸습니다.

"영차."

할아버지는 힘껏 수레를 끌었습니다. 그런데 수레가 무거워서 꼼짝도 하지 않았습니다. 다빈이가 수레를 뒤에서 밀었습니다. 그러자 수레가 조금씩 움직이기 시작했습니다.
"허허, 꼬마 장사구나! 힘이 아주 센걸."
할아버지의 칭찬을 들으니 다빈이는 더 힘이 났습니다.

다빈이는 수레를 계속 밀었습니다.

수레는 놀이터에서 가까운 작은 이층집 앞에 섰습니다. 다빈이도 놀이터에 가면서 종종 봤던 집이었습니다. 나무로 된 파란 대문이 있는 예쁜 집으로, 마당에는 텃밭이 있었습니다. 텃밭에는 상추, 파, 토마토, 고추 같은 채소들이 가득 자라 있었습니다.

"여기가 할아버지 집이에요? 거렁뱅이 할아버지라서 집이 없는 줄 알았어요."

"거렁뱅이?"

'아차!'

다빈이는 다급하게 손으로 입을 막았습니다. 할아버지는 눈을 크게 한 번 뜨더니 껄껄껄 큰 소리로 웃었습니다.

"내가 재활용품을 수거하니까 아이들이 거지인 줄 알았나 보구나. 하하하!"

다빈이는 할아버지에게 괜히 미안해졌습니다. 다빈이는 할아버지가 집 안으로 서랍장과 옷을 나르는 걸 도와드렸습니다.

꼬르륵, 꼬륵. 다빈이의 뱃속이 요동치며 밥 달라는 신호를 보냈습니다.

"배고프냐?"

다빈이는 고개를 끄덕였습니다.

"감자전 해 줄게. 조금만 기다려라."

할아버지는 주방으로 가서 앞치마를 두르고 음식을 만들기 시작했습니다. 신이 나서 콧노래도 흥얼거렸습니다.

"할아버지, 저한테 음식 만들어 주는 게 좋으세요?"

"좋지. 귀여운 손님이 오셔서 더 좋지."

할아버지의 말에 다빈이도 기분이 좋아졌습니다. 엄마한테 혼이 나서 집에서 쫓겨난 건 까맣게 잊어버렸습니다.

다빈이는 거실을 돌아다니며 구경했습니다. 그러다가 다빈이의 눈이 동그래졌습니다.

"어! 이건 내 그림이잖아. 할아버지, 이거 제 거예요!"

다빈이는 거실 한쪽에 놓인 책장을 보며 소리쳤습니다. 책장에 다빈이가 그린 낙서가 흐릿하게 남아 있었습니다.

"하하하, 그것도 주워 온 거야. 할아버지가 깨끗하게 닦았는데 크레파스라서 다 지워지지 않더구나."

그러고 보니 몇달 전 엄마가 새 책장을 사면서 버린 것이었습니다.

다빈이는 둥근 식탁 앞에 앉았습니다. 식탁도 아주 낡고 오래된 것이었습니다. 의자 네 개도 모두 모양이 제각각 달랐습니다.

"이것도 다 주워 오신 거예요?"

다빈이가 감자전을 먹으며 물었습니다.

"그래. 저기 있는 저 책상도, 여기 라디오도, 저기 장식장도 주워 온 거지. 지금 입은 이 바지도 주워 온 거란다. 우리 집은 거의 다 주워 온 것 투성이지. 하하하!"

다빈이는 할아버지가 문득 불쌍해졌습니다.

'얼마나 돈이 없으면 물건을 주워서 사실까?'

마당에 채소를 키우는 것도 돈이 없어서 그런 거라고 다빈이는 생각했습니다.

"할아버지는 카드 없으세요? 우리 아빠는 카드로 다 해결해요. 우리 집에는 샴푸도 많고, 염색약, 무좀약도 있어요. 필요하시면 갖다 드릴게요."

"허허허, 말만 들어도 고맙구나. 그런데 할아버지는 네 생각처럼 그렇게 가난한 사람은 아니야."

"그런데 왜 남이 버린 물건을 갖다 쓰세요?"

다빈이는 고개를 갸웃거리며 물었습니다.

"새 물건이라고 모두 좋은 건 아니란다. 낡았지만 손때

묻은 물건도 좋은 법이지. 할아버지는 이 낡은 물건들을 가만히 보고 있으면 말을 하는 것 같단다."

"물건들이 말을 해요?"

"저기 있는 저 진열대는 나이가 삼십 년은 됐지. 삼십 년 동안 어떤 물건들을 진열했었는지 두런두런 얘기하곤 하

지. 저기 있는 저 라디오도 자기가 겪어 온 세상을 얘기하고, 식탁도 앞치마도 책상도 할아버지에게 지금까지 살아온 얘기를 해 준단다."

다빈이는 낡은 물건들 쪽으로 귀를 기울였지만, 아무 소리도 들리지 않았습니다.

다빈이는 감자전을 세 장이나 먹었습니다. 배가 불러 트림이 꺼억, 하고 나왔습니다.

"전요, 이다음에 돈을 펑펑 쓰는 부자 사장이 될 거예요. 제가 돈을 많이 벌면 할아버지한테도 나눠 드릴게요."

할아버지는 그저 웃고만 있었습니다.

다빈이는 벽에 걸린 할아버지의 사진들을 구경했습니다. 할아버지가 가족들과 찍은 사진, 큰 회사 앞에서 많은 사람들과 찍은 사진들이 있었습니다. 장식장 안에는 상장과 메달, 커다란 트로피도 있었습니다.

"할아버지! 이 트로피랑 상장도 다 주워 온 거예요?"

"허허허, 그건 아니야."

그런데 여러 사진 속에서 다빈이의 눈에 띄는 사람이 있었습니다. 그 사람은 다름 아닌 대통령이었습니다. 뉴스에서 여러 번 본 적이 있었지요. 할아버지는 대통령과 악수하고 있었습니다.

"대통령이죠! 맞죠? 할아버지, 대통령이랑 친하세요?"
다빈이는 깜짝 놀라 물었습니다.

"할아버지가 수출을 많이 했더니 청와대에서 초청을 하더구나. 그 상도 대통령에게 받은 상이야. 할아버지는 회사의 회장이었거든."

"회장이면 제일 높은 사람이잖아요! 그러면 이 회사가 할아버지 회사였어요? 와! 진짜 크다! 사람도 정말 많고!"
다빈이는 연방 감탄을 터트렸습니다.

"반도체 같은 첨단 기기를 연구하고 생산하는 회사였지. 세계적으로 유명하단다."

"와! 와! 와! 할아버지, 알고 보니 유명한 회장님이셨군요. 와, 난 꿈이 사장님인데."

다빈이는 소파에 앉았습니다. 할아버지가 따뜻한 우유를 내밀었습니다.

"그런데 참 이상해요."

"뭐가?"

"그렇게 유명하셨으면서 왜 물건을 주워서 쓰세요? 그리고 이렇게 작은 집에서 왜 혼자 사세요?"

"내 아내는 오래전에 세상을 떠났어. 자식들은 모두 외국에 나가 있고. 나도 떠날까 했지만 우리나라가 좋아서 떠날 수가 없더구나."

다빈이는 할아버지가 몹시 외로워 보였습니다. 할아버지의 눈빛이 아이들이 모두 돌아간 텅 빈 운동장 같았습니다.

"다빈이는 돈이 많으면 행복할 거 같니?"

할아버지가 물었습니다.

"그럼요. 전 돈이 최고라고 생각해요. 돈이 많으면 뭐든 다 할 수 있잖아요. 부자들은 정말 행복할 거예요. 하고 싶은 것도 마음대로 하고, 사고 싶은 것도 마음대로 살 수 있으니까요."

"어른 중에도 그렇게 생각하는 사람들이 있지. 하지만 할아버지는 그렇게 생각하지 않아. 절약을 하고, 그렇게 모은 돈을 가치 있게 쓰는 게 더 행복하다는 걸 할아버지는 깨닫게 됐단다."

"절약요? 우리 담임 선생님도 그런 얘기하셨는데요, 저는 절약하는 거 딱 질색이에요. 연필 아껴 쓰고, 지우개 아껴 쓰고, 돈 아껴서 저축하고……, 전 그런 것보다 친구들이 부러워하는 물건 사는 게 좋아요. 자랑할 수 있잖아요. 친구들이 과자 사 달라고 하면 폼 나게 사 줄 수도 있고요. 헤헤헤!"

다빈이는 입을 벌리며 기분 좋게 웃었습니다.

할아버지는 차를 한 모금 마시고 입을 열었습니다.

"부자들도 절약을 한단다. 그것도 아주 열심히 하지. 절약을 하지 않으면 부자가 될 수도 없지만, 행복해질 수도 없어. 절약은 사람을 행복하게 해 준단다."

"돈이 행복하게 해 주는 게 아니라요?"

할아버지는 고개를 저었습니다.

"돈은 아무리 많아도 행복해지지 않아. 하지만 절약을 하다 보면 행복이 무엇인지 깨닫게 된단다. 욕심을 이겨 내는 힘도 생기고, 어려운 사람들과 함께 나누는 기쁨도 알게 되지. 돈이 아무리 많아도 자기 마음대로 펑펑 쓰다 보면 나쁜 마음이 생기고, 결국에는 불행해지고 말지."

다빈이는 눈을 씀벅거렸습니다. 할아버지의 말이 무슨 뜻인지 알 수가 없었습니다.

"다빈이는 부자가 되고 싶다고 했지?"

"네! 부자가 되면 길거리에 돈을 흘려도 엄마한테 안 혼날 거 아니에요. 저는 돈을 잘 잃어버리거든요."

"할아버지가 부자가 되는 법을 가르쳐 줄까?"

"정말요? 우아!"

다빈이는 펄쩍 소파에서 뛰었습니다.

"이번 주 토요일 오후에 할아버지한테 올래? 할아버지랑 돈을 벌러 가자꾸나."

"하하하! 좋아요!"

다빈이는 할아버지와 인사를 하고 집으로 달려갔습니다. 그새 꾸중 들은 건 까맣게 잊고, 어서 빨리 토요일이 되었으면 싶은 마음뿐이었습니다.

| 날짜 | 20◇◇년 ◇월 ◇일 ◇요일 | 날씨 | 흐림 |

놀이터에서 우리 동네 거렁뱅이 할아버지를 만났다.

그런데 알고 보니 그 할아버지가 청와대에 초청받아 대통령까지

만난 회장님이었다! 아무도 내 말을 믿지 않을 것이다.

할아버지는 아주 큰 회사의 회장님이었고, 상도 많이 받았다고 한다.

그런데 왜 물건을 주워서 쓸까? 돈을 다 써 버린 걸까?

할아버지도 선생님처럼 절약을 해야 한다는 이야기를 했다.

하지만 난 부자가 되면 절약 같은 건 안 할 거다. 절약은 귀찮다.

돈을 펑펑 물처럼 쓸 거다.

그런데 할아버지는 돈은 아무리 많아도 행복해지지 않고,

절약을 하면 행복해지는 법을 알게 된다고 했다.

아직도 할아버지의 말씀을 알 수가 없다.

어쨌든 주말에 할아버지가 부자가 되는 법을 알려 주시기로 했으니

열심히 배워서 어서 사장이 되었으면 좋겠다. 정다빈 사장님!

아, 상상만 해도 정말 멋지다!

오늘의 궁금증?

돈이 많다고 마구 쓰면 정말 행복해질까?

진짜 부자가 되는 법

'아빠, 엄마, 제가 엄청나게 돈 많이 벌어 올게요.'

토요일 오전, 다빈이는 엄마 아빠에게 비밀로 하고 할아버지의 집으로 달려갔습니다. 큰 부자가 될 거라는 꿈에 부풀어서요.

딩동딩동.

"다빈이 왔구나. 시간 맞춰 잘 왔다. 부자가 되려면 약속을 잘 지켜야 하거든."

할아버지는 다빈이를 무척 반가워하며 안아 주었습니다. 다빈이는 할아버지를 딱 한 번 만났지만, 친할아버지처럼 편안했습니다.

현관에는 이런저런 물건들이 잔뜩 쌓여 있었습니다. 그

건 그동안 할아버지가 재활용 수거함에서 모은 낡은 옷과 책, 잡다한 물건들이었습니다. 할아버지는 더러운 옷은 깨끗하게 빨고, 책은 지우개로 지우거나 닦고, 물건들은 새로 색칠을 하거나 수리를 했습니다.

"이 물건들을 수레에 싣자꾸나."

다빈이는 할아버지를 도와 물건을 실었습니다. 그리고 끙끙거리며 수레를 밀었습니다. 큰 길을 세 개쯤 지나자 넓은 공원이 나왔습니다.

공원에는 천막들이 쳐져 있고, 사람들이 북적거렸습니다. 사람들은 할아버지를 보고 허리를 숙이며 인사를 했습니다.

"회장님, 안녕하세요."

"회장님, 오늘도 물건 많이 갖고 오셨네요?"

"회장님, 오늘도 대박나세요!"

다빈이는 할아버지 귀에 대고 속삭였습니다.

"와, 할아버지, 사람들이 다 회장님이라고 불러요. 할아버지 정말 대단한 분이신가 봐요."

"허허허, 우리도 어서 사업을 시작해 볼까?"

할아버지와 다빈이는 돗자리를 깔고 물건을 꺼내 정리했습니다. 청바지와 잠옷, 양말과 가방, 그릇과 책 등이 하나씩 자리를 잡았습니다. 사람들이 금세 물건 주변에 모여들었습니다.

"이 청바지는 얼마예요?"

"2천 원입니다."

"와, 싸다."

"이 그림책은 얼마예요?"

"500원이요. 두 권 사면 한 권은 덤으로 드립니다."

사람들은 너도나도 모여 앉아 할아버지의 물건을 구경했습니다. 다빈이는 신이 났습니다.

"진짜 쌉니다! 얼른 사 가세요! 너무 싸서 둘이 사다가 하나가 죽어도 모릅니다!"

다빈이는 어른 흉내를 내면서 물건을 팔았습니다. 어른들은 그런 다빈이를 보고 웃기다면서 손뼉을 쳤습니다.

그때였습니다.

"어, 정다빈이다! 왕부자 정다빈!"

같은 반 현철이가 다빈이를 알아보고 달려왔습니다. 그러자 현철이와 같이 온 민지, 연주, 민희도 달려왔습니다.

"다빈아, 여기서 장사해?"

"왜? 너희 집 부자라면서? 그런데 왜 여기서 재활용품을 팔고 있어? 집에 있던 거 갖고 왔어?"

아이들은 다빈이를 이상한 눈초리로 바라봤습니다. 다빈이는 뭐라고 대답해야 할지 몰랐습니다. 그때 할아버지가 다빈이에게 다가왔습니다.

"잠깐 집에 다녀오마. 창고에 놔 둔 물건들을 그만 깜박했지 뭐냐."

할아버지는 바삐 집으로 향했습니다. 현철이가 아이들에게 말했습니다.

"저 할아버지는 거렁뱅이 할아버지잖아? 동네 쓰레기 주워 가는 거렁뱅이 할아버지!"

"맞아! 다빈아, 거렁뱅이 할아버지가 너희 할아버지야? 그러면 너희 집도 거렁뱅이야?"

다빈이는 당황해서 말을 할 수가 없었습니다.

"다빈이가 대답을 못해. 얼굴이 빨개졌어."

"다빈이네 집이 거렁뱅이가 맞나 봐. 쓰레기 팔아서 우리

한테 과자 사 줬나 봐."

"쳇! 거지였구나! 거지 주제에 돈 있다고 으스대긴!"

아이들은 다빈이를 향해 손가락질을 하며 흉을 봤습니다. 다빈이는 씩씩거리며 콧김을 내뿜었습니다. 귀에서 김이 푹푹 나올 것 같았습니다.

"나 거지 아니거든! 부자 되는 법을 배우려고 왔거든!"

다빈이는 아이들을 향해 소리쳤습니다.

"아니긴! 땅거지 솔찬이도 저기 나무 밑에서 너처럼 돗자리 깔아 놓고 장사하더라. 역시 거지들은 비슷해. 부자란 건 다 뻥이었어. 뻥쟁이!"

"뻥 아니야! 할아버지도 거렁뱅이 아니야! 대통령한테 상까지 받은 회장님이라고!"

다빈이는 목이 터져라 외쳤지만, 아이들은 믿어 주지 않았습니다.

"웃기시네. 대통령한테 상까지 받은 훌륭한 회장님이 왜 여기서 재활용품을 파냐? 거짓말하지 마, 이 거렁뱅이 뻥쟁이야."

"다빈이는 거짓말도 잘해. 다빈이가 거렁뱅이라고 아이들한테 소문내고, 선생님한테 이르자."

아이들은 입을 삐죽거리면서 빈정거렸습니다.

"아니라니까! 그게 아니라고! 난 부자 될 거야! 부자 사장님 될 거야!"

다빈이가 말해도 아이들은 들은 척 만 척 혀를 날름거렸습니다. 다빈이는 콧등이 시큰거리며 눈물이 왈칵 쏟아졌습니다.

아이들이 돌아간 뒤, 다빈이는 더는 장사를 하고 싶지 않았습니다. 다빈이는 벤치에 앉아 어깨를 들썩거리면서 눈물을 흘렸습니다.

'두고 봐. 부자 되면 너희한테 하나도 안 줄 거야. 내가 뭐 사 줄 때는 한 입만, 한 입만 하면서 따라다니더니……. 이제 와서 놀려?'

다빈이는 억울해서 견딜 수가 없었습니다.

그때 저만치에서 솔찬이가 다빈이에게 다가왔습니다.

"다빈아, 너 지금 우는 거야?"

솔찬이가 깜짝 놀라며 묻자, 다빈이는 울음 섞인 목소리로 대꾸했습니다.

"가까이 오지 마! 말 시키지 마! 저리 가!"

"왜 그래? 무슨 일인데?"

"말 시키지 말랬지. 빨리 저리 가라고!"

솔찬이는 슬픈 눈으로 다빈이를 바라보다가 그냥 돌아서서 가 버렸습니다.

그렇게 시간이 얼마쯤 흘렀을까요?

"다빈아, 정다빈."

할아버지가 다빈이에게 손짓을 하며 다가왔습니다.

"어디 갔는지 한참 찾았다. 물건이 다 팔렸어. 우리 다빈이 덕분에 오늘 장사는 대성공이야. 허허허!"

할아버지는 기분 좋게 웃었습니다. 하지만 다빈이는 웃음이 나지 않았습니다.

"다빈아, 얼굴이 왜 그래? 무슨 일 있었어?"

"아, 아니에요, 할아버지."

다빈이는 아무 일도 없는 척 손등으로 얼굴을 문질렀습

니다. 할아버지 때문에 거지라고 놀림받았다는 말을 할 수는 없었습니다.

할아버지는 돈 상자를 열어서 보여 줬습니다.

"이 돈 봐라. 이게 다 오늘 번 돈이야."

돈 상자에는 돈이 가득 들어 있었습니다.

"와, 할아버지, 정말 부자가 되었어요. 할아버지는 정말 돈을 잘 버세요."

어두웠던 다빈이 얼굴이 금방 밝아졌습니다. 할아버지는 다빈이의 손을 잡고 입구 쪽으로 걸어갔습니다. 다빈이는 피자나 치킨 가게로 갈 거라고 생각했습니다. 생각만 해도 입 안에 침이 가득 고였습니다.

그런데 할아버지는 입구 바로 옆에 있는 천막 안으로 들어갔습니다.

"회장님 오셨습니까?"

어른들이 자리에서 일어나 허리를 숙이며 인사를 했습니다. 어른들의 가슴에는 '자원봉사'라는 이름표가 붙어 있었습니다. 할아버지는 돈 상자에 든 돈을 테이블 위에 놓인 '이웃 사랑 기부함'이란 상자에 쏟아부었습니다. 동전 하나 남기지 않고 탁탁 털어 넣었지요.

"하, 할아버지! 그 돈을 거기에 다 넣으면 어떻게 해요?"

다빈이의 눈이 동그래졌습니다.

"오늘도 감사합니다. 이렇게 매번 사랑의 기부를 해 주셔서 회장님께 뭐라고 감사의 말씀을 드려야 할지 모르겠습니다."

어른들이 미소를 지으며 다시 감사 인사를 했습니다. 할아버지는 돈이 아깝지도 않은지 흐뭇해했습니다. 하지만 다빈이는 하나도 기쁘지 않았습니다. 배에서는 꼬르륵 소리가 나는데, 피자와 치킨이 눈앞에서 연기처럼 사라졌습니다.

천막을 나오자마자 다빈이는 자기도 모르게 눈물을 흘렸

습니다. 다빈이는 할아버지한테 소리쳤습니다.

"애써서 번 돈을 왜 남을 줘요? 그러니까 아이들이 거지라고 놀리잖아요! 부자가 되는 법을 가르쳐 준다고 했잖아요!"

"아, 미안하구나. 너한테 물어보지도 않고 할아버지가 혼자 결정했구나. 다빈아, 이게 부자가 되는 법이야. 함께 나누는 게 진짜 부자가 되는 법이지."

"말도 안 돼요! 이건 부자가 되는 게 아니라 거지가 되는 법이에요. 할아버지 미워요!"

할아버지는 당황한 얼굴로 다빈이의 눈물을 닦아 주었습니다.

"다빈아, 배고프지? 배고파서 그러는 거지? 집에 가서 감자전 해 줄까?"

"싫어요! 그깟 감자전보다 피자가 훨씬 더 맛있다고요! 부자라고 한 거 다 거짓말이죠? 할아버지는 거짓말쟁이예요!"

다빈이는 뒤도 돌아보지 않고 마구 달렸습니다.

"다빈아, 다빈아!"

할아버지가 등 뒤에서 부르는 소리가 들렸지만, 다빈이는 한 번도 돌아보지 않았습니다.

날짜	20◇◇년 ◇월 ◇일 ◇요일	날씨	맑았다가 흐림

할아버지와 함께 벼룩시장에서 장사를 했다.

장사는 새 물건을 파는 건 줄 알았는데 다른 사람들이 버린

물건을 닦고 색칠하고 고쳐서 팔았다.

장사가 무척 잘돼서 할아버지와 나는 금방 돈을

많이 벌었다. 부자가 되는 게 이렇게 쉬운 줄 처음 알았다.

그런데 할아버지는 그 돈을 모두 기부해 버렸다.

동전 하나 남기지 않고 모조리 털어서 줬다.

너무하다. 부자가 되는 법을 알려 준다고 하고선…….

할아버지처럼 살면 난 거지가 될 거다. 그래서 아이들이 날마다

땅거지라고 놀릴 거다. 오늘처럼 말이다.

텔레비전을 봤는데 사람에게 가장 중요한 것은 행복이라고 한다.

돈이 많으면 행복해질 것 같다. 어떻게 하면 돈을 펑펑 쓰는

부자가 될 수 있을까? 그 방법을 빨리 알아내야 하는데!

오늘의 궁금증?

왜 할아버지는 벼룩시장에서 번 돈을 모두 기부했을까?

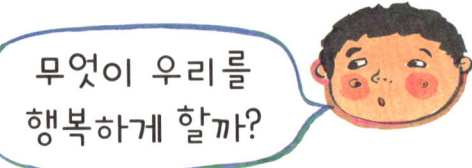

"다빈아, 과자 좀 사 주라."

친구들이 다빈이를 졸랐습니다.

"돈 없어. 엄마한테 다 뺏겼어."

다빈이가 힘없이 말했습니다.

"다빈아, 지우개 하나 주라."

"없어. 이제 엄마가 안 사 준대."

"다빈이는 거지가 됐구나. 거렁뱅이 할아버지랑 같이 다닌다더니 진짜인가 봐. 에이, 시시해."

친구들이 다빈이를 무시했습니다. 다빈이는 학교에서 말이 없어졌습니다. 친구들이 자꾸 자기를 놀리는 것만 같았습니다. 뒤에서 쑥덕거리며 땅거지라고 손가락질하는 것만

같았습니다.

다빈이는 그동안 할아버지를 한 번도 찾아가지 않았습니다. 지나가다가 할아버지 집을 본 적은 있지만, 들어가지는 않았습니다.

며칠이 지났습니다. 수업 시간에 선생님께서 텔레비전을 켰습니다.

"오늘은 기부 천사에 대한 영상을 보여 줄 거예요. 날개는 없지만, 우리 사회를 밝혀 주는 숨어 있는 기부 천사들이랍니다."

기부 천사에는 평생 동안 신문지를 모은 돈을 기부한 할머니도 있었고, 중국집 배달을 하며 어렵게 번 돈을 기부한 아저씨도 있었고, 시장에서 국밥집을 해서 모은 돈을 모두 내놓은 아저씨도 있었습니다.

"기부 천사가 부자로 보이나요? 그렇지 않지요? 기부는 부자만 하는 게 아니에요. 기부는 특별한 사람만 하는 것도 아니고요. 결코 부자로 보이지 않는 우리 주변의 평범한 사람들이 알고 보면 숨어 있는 기부 천사예요."

신문지를 모은 할머니 중국집 배달원 국밥집 아저씨

선생님의 말에 명철이가 손을 들고 질문했습니다.

"기부를 하려면 돈이 많아야 하잖아요. 저는 돈이 없는데 어떻게 기부를 해요?"

"기부는 꼭 돈이 있어야 하는 건 아니에요. 알뜰하게 절약해서 한 푼 두 푼 모은 돈으로도 얼마든지 기부를 할 수 있어요. 바로 이 회사도 그래요."

선생님은 하늘테크라는 회사의 이야기를 들려주었습니다. 머리부터 발 끝까지 하얀 특수복을 입은 연구원들이 열심히 연구하는 모습이 나왔습니다. 하늘테크는 반도체를

전문적으로 개발하는 세계적인 회사였습니다. 수출도 어마어마하게 해서 우리나라보다 외국에서 더 유명한 회사였습니다.

"하늘테크가 다른 회사와 다른 특별한 점이 두 가지 있어요. 첫째는 구두쇠처럼 철저하게 절약했어요. 마른 수건도 다시 짠다는 정신으로 전기, 종이, 화장실의 휴지 한 장까지도 절약했어요. 둘째는 그렇게 해서 번 이익을 모두 기부했어요. 그래서 우리나라에서 가장 아름다운 기부 회사가 되었답니다."

그때 텔레비전에 하늘테크의 김순일 회장님이 나왔습니다. 회장님은 자신의 모든 재산을 기부하고 빈손으로 회사를 떠난 분이었습니다. 엄청난 재산을 기부해서 세상을 깜짝 놀라게 한 분이었지요.

"앗, 저 할아버지는?"

다른 아이들은 못 알아봤지만, 다빈이는 한눈에 알아봤습니다. 그 할아버지는 바로 거렁뱅이 할아버지였습니다. 지금보다 주름살이 없어서 다른 아이들은 못 알아보는 것 같았지만, 할아버지가 분명했습니다.

"김순일 회장님 같은 분이야말로 우리 사회를 밝혀 주는 등불이에요. 회장님이 기부한 돈은 아픈 사람의 치료비로, 학생들의 장학금으로, 배고픈 아이들의 급식비 등으로 쓰였어요. 이런 분이 우리 사회에 행복 에너지를 주는 분이에요. 이런 분들이 있기 때문에 우리 사회가 행복해지고 희망이 있는 거예요. 저는 여러분이 이렇게 가진 것을 아끼고 절약해서 다른 사람과 함께 나누는 마음을 가졌으면 좋겠어요."

다빈이는 가슴이 찡, 찡, 찡, 울렸습니다. 호수에 돌멩이를 던지면 물결이 점점 퍼져 나가듯 다빈이의 가슴에도 물결이 일렁거리면서 점점 퍼져 나갔습니다.

그때 현철이가 선생님에게 물었습니다.

"선생님, 엄마 아빠도 자꾸 절약하라고 하지만, 절약하는 건 너무 귀찮은 것 같아요."

선생님은 다시 아이들을 둘러보았습니다.

"절약이란 게 힘들고 귀찮은가요? 선생님은 그렇게 생각하지 않아요. 선생님은 절약은 천천히 빨아 먹는 사탕이라고 생각해요."

"사탕요?"

아이들이 물었습니다.

"여러분은 사탕을 먹을 때 깨물어 먹나요, 천천히 빨아서 먹나요?"

"전 깨물어 먹어요."

"전 빨아 먹으면 오래 먹을 수 있으니까 빨아 먹어요."
아이들이 너도나도 대답했습니다.

"사탕을 빨리 깨물어 먹으면 사탕은 금방 사라지고 없어져요. 하지만 천천히 빨아 먹으면 아주 오랫동안 먹을 수 있지요. 절약도 그래요. 우리가 사탕을 천천히 빨아 먹듯 물건을 아끼고 절약해서 사용하면 아주 오랫동안 사용할 수 있어요."

선생님은 다빈이와 눈길이 마주쳤습니다. 다빈이는 잘못한 게 있는 아이처럼 가슴이 찌릿 울렸습니다.

"사람의 욕심은 끝이 없어요. 천 원을 가지면 만 원을 갖고 싶고, 만 원을 가지면 백만 원을 갖고 싶은 게 사람이에요. 욕심은 우리 마음속에서 점점 괴물처럼 커져요. 욕심을 이겨 내지 못하면 사람은 결국 욕심의 노예가 되고 말지요. 노예가 되지 않으려면 어떻게 해야 할까요?"

아이들은 아무도 대답하지 못했습니다.

"마음을 절제해야 해요. 자신의 마음을 절제할 수 있는 힘을 가져야 해요. 절약을 하면 유혹을 이겨 낼 수 있는 힘이 생겨요. 절제의 힘이 생겨요. 여러분에게 선생님이 날마다 무엇이든 아껴 쓰고, 작은 것에도 감사하는 마음을 가지라고 하는 이유를 알았나요?"
"네!"
아이들이 힘차게 대답했습니다. 다빈이도 함께 대답했습니다.

집으로 가는 길에 다빈이는 할아버지 집 앞을 지나가게 되었습니다. 고개를 내밀고 몰래 할아버지의 마당을 살펴봤습니다. 텃밭의 상추, 파, 토마토 같은 채소들이 텅 빈 집을 지키고 있었습니다. 할아버지는 보이지 않았습니다.

다빈이는 실망한 얼굴로 고개를 푹 숙인 채 돌아섰습니다. 왠지 가슴 한가운데가 뻥 뚫린 것 같았습니다.

"뭘 보는 거냐?"

누가 다빈이 어깨를 두드리며 물었습니다. 다빈이는 깜짝 놀라 바닥에 주저앉을 뻔했습니다.

"하…… 할아버지! 김순일 회장님!"

다빈이의 두 눈이 동그래졌습니다.

"오호, 내 이름은 또 어떻게 안 거야?"

"오늘 학교에서 텔레비전을 봤는데, 할아버지가 나왔어요. 기부 천사라고……."

"허허허, 그랬구나. 아주 오래전에 찍은 건데 또 나왔나 보네. 험험."

할아버지는 부끄러운 듯 헛기침을 했습니다.

"집에 잠깐 들어왔다 갈래? 할아버지가 오늘 토마토를 땄거든."

다빈이는 고개를 크게 끄덕이며 할아버지를 따라 들어갔습니다. 거실 한쪽에는 고치다 만 재활용 가구들이 어지럽게 놓여 있었습니다. 다빈이는 토마토를 별로 좋아하지 않았지만 꾹 참고 먹었습니다. 할아버지를 실망시키고 싶지 않아서였습니다.

"할아버지, 궁금한 게 있어요. 돈이 없으면 사는 데 불편하지 않으세요?"

다빈이는 토마토를 한 입 깨물면서 물었습니다.

"돈이 많을 때가 오히려 더 불편하더라."

"네? 그게 무슨 뜻이에요?"

"돈이 많으면 그 돈을 쓰려는 마음 때문에 오히려 불편해지더라는 뜻이지."

다빈이는 고개를 갸우뚱했습니다.

"다빈아, 네가 돈이 엄청나게 많은 부자라고 생각해 보렴. 그래서 화려한 옷을 입고, 금 목걸이를 하고, 다이아

몬드 반지를 끼고, 온갖 비싼 명품들을 다 가졌다고 생각해 봐."

"와! 생각만 해도 신 나요!"

"그런데 그런 물건을 갖고 무인도에 산다고 생각해 봐. 사람이 아무도 없는 섬에 혼자 그런 모습으로 산다고 생각해 봐. 행복할까?"

다빈이는 큰 눈을 씀벅거렸습니다. 아무리 생각해도 행

복할 것 같지 않았습니다. 다빈이는 고개를 저었습니다.

"그것 봐라. 누가 봐 주지 않으면 많은 돈을 가졌어도 행복하지 않은 법이야. 물론 돈이 많으면 편리하겠지. 갖고 싶은 것도 척척 살 수 있고. 하지만 우리는 다른 사람들과 함께 어울려 살기 때문에 행복한 거지, 돈이 많다고 행복한 건 아니란다. 할아버지 말, 이해하겠니?"

"아, 네!"

다빈이는 고개를 끄덕였습니다.

"그러면 할아버지는 어떻게 부자가 됐어요? 참! 지금은 부자가 아니지만 예전에는 어떻게 부자가 됐어요?"

"허허허, 다빈이도 할아버지처럼 성공하고 싶은가 보구나. 할아버지도 그렇지만 성공한 사람들은 공통점이 있지. 그 공통점이 무엇이냐 하면, 바로 습관이란다."

"습관요? 다리를 떨거나 코를 고는 거 같은 거요?"

"허허, 그렇지. 습관이란 오랫동안 자꾸 반복해서 자기도 모르게 몸에 완전히 익어 버린 행동이야. 사람이라면 누구나 습관이 있어. 나쁜 습관도 있고, 좋은 습관도 있지.

세 살 버릇 여든까지 간다는 속담 알지?"

"네!"

다빈이는 아는 척을 했습니다.

"나쁜 습관을 한번 잘못 들이면 고치기가 힘들어. 그러니 처음부터 좋은 습관을 들여야 한단다. 부자들이 가진 좋은 습관이 뭐냐면……."

"뭔데요? 빨리 말씀해 주세요, 할아버지."

"그 습관은 바로 절약하고, 돈을 쓸 곳에 제대로 쓸 줄 아는 경제 습관이란다."

"아, 그래서 우리 선생님께서도 자꾸 절약을 해야 한다고 말씀하셨나 봐요."

"그래. 어렸을 때부터 아끼고 절약하고, 그렇게 모은 돈을 가치 있게 쓸 줄 아는 경제 습관을 가지면 돈을 모을 때도 또 쓸 때도 행복할 수 있단다."

"알았어요. 다는 아니지만 이제 조금 알 것 같아요."

다빈이의 말에 할아버지는 미소를 지었습니다.

| 날 짜 | 20◇◇년 ◇월 ◇일 ◇요일 | 날씨 | 흐렸다 갬 |

김순일 할아버지는 정말 훌륭한 분인 것 같다.

텔레비전에 나온 할아버지의 모습은 대통령보다 더 훌륭해 보였다.

할아버지에게 돈을 모으고 잘 쓰는 법을 배웠다.

절약은 안 쓰는 게 아니라, 제대로 쓰는 법이라고 하셨다.

절약은 무조건 참는 것도 아니고, 쓰지 않는 것도 아니라고 하셨다.

이 정도가 알맞아, 하면서 스스로 생각하고, 조절하고,

멈출 수 있는 마음이라고 하셨다.

할아버지가 절약을 할 수 있는 마법의 주문을 가르쳐 주었다.

바로 하나, 둘, 셋 외치기!

물건을 살 때 욕심이 생긴다면 하나, 둘, 셋! 하고 마법의 주문을

외치는 거다. 그러면 짧은 시간이지만 주문을 외치는 동안 욕심이

사라지고 올바른 선택을 할 수 있게 된다.

내일은 할아버지가 또 어떤 절약 비법을 알려 주실까?

오늘의 궁금증?

용돈을 계획적으로 사용하려면 어떻게 해야 할까?

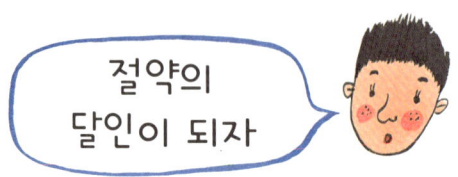

"여보, 이 달에도 적자인가 봐요. 카드 값이 너무 많이 나왔어요."

"휴, 전기 요금하고 가스 요금도 많이 나왔네. 통신 요금까지 합하면 이게 대체 얼마지?"

저녁 식탁 앞에서 엄마 아빠는 걱정스럽게 말했습니다. 매월 말일이 되면 엄마 아빠는 언제나 돈 때문에 걱정을 했습니다.

"우리는 언제 부자가 되지?"

엄마가 한숨 섞인 목소리로 중얼거렸습니다. 다빈이가 조용히 입을 열었습니다.

"엄마, 아빠, 아끼고 절약하는 습관을 들이면 누구나 부자가 될 수 있어요. 절약은 습관이래요."

다빈이가 밥을 떠 넣으면서 말했습니다. 아빠와 엄마는 놀란 눈으로 다빈이를 바라봤습니다. 다빈이는 어른스러운 목소리로 다시 입을 열었습니다.

"아무리 큰 부자라도 처음에는 한 푼 두 푼 모으는 것부터 시작했대요. 한 푼 두 푼 모은 돈이 시간이 흐르면 눈덩이처럼 커져서 부자가 될 수 있대요. 부자가 되려면 쓰는 걸 줄여야 해요. 낭비를 하지 말아야 해요."

"그래, 그건 그렇지."

아빠가 얼떨떨한 표정으로 대답했습니다.

"그리고 낭비하는 습관에 빠지면 절대로 부자가 될 수 없어요. 절약하는 습관을 기르면 집안이 부유해지고 행복이 찾아와요."

"누…… 누가 그러던?"

엄마가 고개를 내밀며 물었습니다.

"김순일 회장님요. 엄청 부자였던 할아버지인데, 대통령도 만난 아주 훌륭한 분이세요."

"김순일 회장님? 네가 그런 분을 어떻게 알아? 책에서 봤니?"

다빈이는 고개를 흔들었습니다.

"아니요. 학교가 끝나면 날마다 찾아가서 부자가 되는 법과 가치 있게 돈 쓰는 법을 배우고 와요. 절약하는 습관도 회장님에게 배웠어요."

"뭐…… 라고?"

아빠와 엄마는 믿을 수 없다는 표정을 지었습니다. 그러나 다빈이는 당황하지 않고 또 말을 이었습니다.

"절약 습관을 기르는 건 어렵지 않아요. 마음만 먹으면 누구나 쉽게 할 수 있어요. 세수할 때 물을 받아 쓰거나 샤워 시간을 줄여도 되고, 안 쓰는 콘센트를 뽑아 둬도 돼요. 생활 속에서 절약할 수 있는 일은 무척 많아요."

"그렇기는 하지……."

아빠는 잘못을 들킨 사람처럼 뒤통수를 긁으면서 고개를 끄덕였습니다.

"김순일 회장님이 오늘 가르쳐 주셨어요. 사람들은 돈을 쓰는 습관에 빠져 있대요. 하지만 모든 일에는 순서가 있어서 돈을 절약하는 습관이 먼저 들어야 부자가 되는 거래요. 그 다음에 돈을 쓰는 습관이 들어야 한대요. 돈을 쓰는 습관에 먼저 빠져 버리면 나중에 돈을 아끼는 습관이 생기기가 어렵대요. 그리고 돈을 절약하는 습관 없이는 돈을 쓸 때도 가치 있는 일, 꼭 필요한 일에 쓰는 게 아니라 쉽게 낭비할 수 있다고 그랬어요."

"아하, 그렇지, 그렇지."

엄마가 손뼉을 치면서 놀라워했습니다. 그건 다빈이가 백 점을 맞아 왔을 때 보여 줬던 엄마의 모습이었습니다.

저녁 식사를 마치고 다빈이는 색색의 도화지에 뭔가를 쓰기 시작했습니다. 엄마와 아빠는 다빈이가 뭘 쓰는지 어깨 너머로 살펴봤습니다.

"이건 절약의 달인이 되는 비법이에요. 할아버지한테 배웠어요. 물 아끼기, 전기 아끼기, 돈 아끼기, 재활용 잘하기 이렇게 네 가지만 잘 지켜도 낭비를 막을 수 있대요. 엄마 아빠가 할 수 있는 것들을 적어 볼게요."

다빈이는 다 쓴 종이를 벽에 붙여 놓았습니다.

물 아끼기
- 설거지는 물을 받아 놓고 한다.
- 세수한 물이나 세탁한 물은 버리지 않고 베란다 청소를 할 때 쓴다.
- 화장실 변기 물통에 벽돌이나 모래를 담은 페트병을 넣어 물 사용을 줄인다.

전기 아끼기
- 사용하지 않는 전기 플러그는 뺀다.
- 전기와 통신 요금은 매달 체크해서 지나친 사용을 줄인다.
- 사람이 없는 방의 전등은 수시로 확인해서 끈다.
- 여름철 냉방이나 겨울철 난방을 필요 이상 세게 틀지 않는다.

돈 아끼기
- 장 볼 때 필요한 물건을 미리 적어 간다.
- 쿠폰은 버리지 말고 잘 모아 둔다.
- 행사 사은품은 꼭 받아서 사용한다.
- 옷이나 신발을 살 때는 할인 행사를 이용한다.
- 가계부를 써서 불필요한 지출을 줄인다.

재활용 잘하기
- 신문지나 이면지를 재활용 센터에 가져간다.
- 헌 옷이나 헌 장난감은 중고 가게에 내놓는다.
- 시장 갈 때는 장바구니를 챙겨서 비닐봉지 사용을 줄인다.
- 광고 전단지를 이면지로 활용한다.
- 주변에 있는 재활용 센터나 중고 가게를 자주 방문해서 쓸 만한 물건이 있는지 챙긴다.

"그리고 이건 아이들도 할 수 있는 일들이에요. 이건 제 방에 붙여 놓을 거예요."

물 아끼기
- 손 씻을 때 비누칠은 물을 잠궈 놓고 한다.
- 샤워 시간을 줄인다.
- 칫솔질할 때 물을 컵에 받아서 한다.
- 수도꼭지가 잘 잠겼나 항상 확인한다.

전기 아끼기
- 방이나 화장실에서 나올 때 꼭 불을 끈다.
- 냉장고 문을 자주 열지 않는다.
- 컴퓨터를 안 쓸 때는 꺼 놓는다. 금방 다시 쓸 거라면 모니터를 꺼 놓는다.

돈 아끼기
- 용돈 기입장을 써서 어디에 얼마나 썼는지 항상 확인한다.
- 되도록 군것질을 줄인다.
- 남는 돈을 저금하는 게 아니라, 저금하고 남는 돈을 쓴다.

재활용 잘하기
- 고쳐서 쓸 수 있는 물건들은 재활용한다.
- 물건에 이름표를 붙여 잃어버리지 않게 주의한다.
- 쓰레기 분리수거를 철저히 한다.

엄마 아빠는 도화지에 척척 써 내려가는 다빈이의 모습이 대견하고 신기했습니다.

"날마다 이 방법을 실천해야 해요. 그러면 절약하는 습관이 생기고, 우리 집은 부자가 될 거예요. 엄마, 아빠, 그렇게 하실 거지요?"

"그래, 그래야지. 암, 그러고말고."

엄마 아빠는 다빈이의 변한 모습을 눈으로 보면서도 여전히 믿기지가 않았습니다.

다빈이는 방 안으로 들어가 돼지 저금통과 용돈 기입장을 갖고 나왔습니다.

"앞으로 저는 날마다 이 돼지에게 맛있는 밥을 줄 거예요. 그래서 돼지를 토실토실 살찌울 거예요. 또 돈을 쓰면 꼭 용돈 기입장에 적을 거예요. 엄마는 가계부를 쓰시나요?"

"아, 그게 그러니까……. 하하하! 그래, 오늘부터 쓰지 뭐. 꼭 쓸게!"

"그런데 다빈아, 무슨 돈으로 날마다 저금을 할 거야? 아빠한테 날마다 돈 달라고 할 거야?"

"아니요. 심부름을 하고 용돈 받을래요. 걸레질이나 설거지, 아빠 구두 닦기, 엄마 심부름 같은 걸 할래요. 그렇게 받은 돈으로 돼지에게 밥을 줄 거예요."

"와, 대단하구나. 다빈이는 절약하는 습관도 기르고, 부

자도 되고, 부지런해지겠네."

엄마가 벙긋벙긋 웃으면서 다빈이를 칭찬했습니다.

"그런데 그렇게 돈을 모아서 어디에 쓸 거야? 엄마 아빠한테 선물할 거야?"

엄마가 잔뜩 기대하는 눈빛으로 물었습니다.

"할아버지가 돈은 모으는 것보다 가치 있게 쓰는 게 더 중요하댔어요. 할아버지는 모은 돈을 전부 기부하세요. 더욱 돈이 필요한 곳에 쓰였으면 좋겠다고요. 전 모은 돈을 어떻게 가치 있게 쓸지 아직 고민 중이에요."

"우리 다빈이 정말 기특하구나!"

아빠는 환하게 웃으며 다빈이를 번쩍 들어 안았습니다. 방금 전까지 돈 때문에 걱정을 했던 다빈이네 집에는 행복한 웃음이 가득 찼습니다. 그것은 모두 다빈이가 가져온 절약이라는 희망의 씨앗 덕분이었습니다. 다빈이는 어느새 희망의 씨앗을 심고 행복의 물을 듬뿍 주어 부자로 키워 내는 중이었습니다.

날짜	20◇◇년 ◇월 ◇일 ◇요일	날씨	맑음

돈을 절약하고 가치 있게 쓰는 습관은 어른보다 어린이에게

더 필요하다고 한다. '세 살 버릇 여든까지 간다'라는 속담처럼

습관은 바꾸기가 어려워서 지금부터 바르고 좋은 습관을 가져야

어른이 되어서도 바르게 생활할 수 있다고 한다.

할아버지가 오늘 폐품으로 멋진 인테리어 소품을 만드셨다.

페트병과 우유팩으로 내 연필꽂이도 만들어 주셨다.

쓸모없다고 생각했던 재활용품들이 내게 필요한 물건이 되는 게

정말 신기하고 놀라웠다.

할아버지가 가르쳐 주신 절약 습관은 네 가지다. 물 아끼기, 전기

아끼기, 돈 아끼기, 재활용 잘하기. 엄마 아빠한테도 알려 드렸다.

하지만 할아버지가 '사랑'은 절약하지 말라고 하셨다.

가족에게, 친구에게, 부모님에게 건네는 따뜻한 말 한 마디,

행동 하나 이런 건 절약하지 말자! 돈이 엄청 많아도

사랑을 절약하면 결코 행복해지지 않을 테니까.

오늘의 궁금증?

돈을 절약하는 것과 무조건 안 쓰는 건 어떻게 다를까?

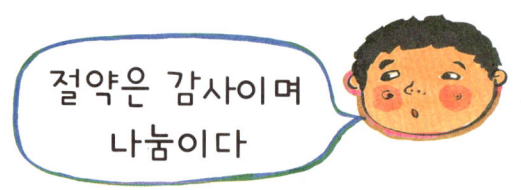

절약은 감사이며 나눔이다

 할아버지가 단상 위에 올라섰습니다. 아이들이 반짝이는 눈망울로 할아버지를 바라봤습니다. 강당에는 전교생이 모였습니다. 할아버지는 빨간 나비넥타이를 맸습니다. 낡은 양복을 입었지만, 할아버지는 정말 회장님처럼 멋져 보였습니다.

 오늘은 할아버지가 학교에 강연을 하러 왔습니다. 할아버지가 우리 동네에 산다는 걸 알고 학교에서 강연해 달라고 부탁한 것입니다.

 "어, 저 할아버지는 거렁뱅이 할아버지……."

 현철이가 놀란 눈으로 중얼거렸습니다. 민지와 연주도 놀란 표정으로 다빈이를 쳐다봤습니다. 다빈이는 그저 웃을 뿐이었습니다. 할아버지가 거렁뱅이가 아니라 기부 천사였다는 걸 모두 알게 됐다는 게 너무 행복했습니다.

할아버지는 입가에 미소를 지으며 입을 열었습니다.

"여러분은 행복한가요? 어제도 행복했고, 오늘도 행복하고, 내일도 행복할 건가요? 만약 여러분이 행복하지 않다면, 그건 아마 욕심 때문일 것입니다. 오늘 제가 여러분에게 드릴 것은 여러분을 행복하게 만들어 줄 두 개의 열매입니다."

"무슨 열매지? 복숭아? 사과? 토마토?"

현철이가 속닥거렸습니다. 민지가 조용히 하라고 옆구리를 쿡 찔렀습니다.

"미국의 어느 심리학자가 실험을 했다고 합니다. 세 팀으로 나눠서 한 팀에게는 일주일 동안 가장 불만스러운 일만 적도록 하고, 또 한 팀에게는 가장 중요한 일만 적도록 하고, 마지막 한 팀에게는 가장 감사한 일만 적도록

했습니다. 일주일 뒤에 세 팀이 만났을 때, 감사한 일만 적었던 팀이 일주일 동안 가장 행복했다고 합니다. 감사한 팀은 어떤 것에 감사했을까요? 아주 사소한 것, 이미 자신이 가지고 있는 것에 감사했다고 합니다. 엄마의 저녁 식사, 편안한 잠자리, 깨끗한 물 같은 것이지요."

아이들은 조용히 할아버지의 말에 귀를 기울였습니다. 할아버지의 차분한 목소리가 강당에 울려 퍼졌습니다.

"여러분에게 드릴 첫 번째 열매는 감사의 열매입니다. 작은 것에 감사하는 마음을 가져 보세요. 그러면 우리는 분명히 행복해집니다. 그동안 당연하게 여겼던 것들, 함부로 써도 된다고 생각했던 것들을 아끼고 사랑해 보세요. 행복은 내가 원하는 것을 가지는 것이 아니라, 내가 가지고 있는 것을 원한다는 말이 있습니다. 사람들은 누구나 원하는 걸 가지면 행복해질 거라고 생각하지만, 실제로는 내가 이미 갖고 있는 것을 소중히 여기고 감사할 때 진정 행복해질 수 있습니다."

선생님들도 아이들도 진지한 얼굴로 할아버지를 바라봤

습니다. 까불고 떠들던 현철이가 어느덧 조용해졌습니다.

"한 대학의 실험실에서 연구를 했습니다. 5천 원을 주면서 어떤 사람들에게는 자신을 위해 쓰라고 했습니다. 그리고 또 다른 사람들에게는 다른 사람을 위해 쓰라고 했습니다. 하루가 지나 이 사람들을 다시 불렀습니다. 어떤 사람들이 더 행복해져 있었을까요?"

"자신을 위해 돈을 쓴 사람요."

"아니야. 다른 사람을 위해 쓴 사람이야."

할아버지의 질문에 아이들은 저마다 떠들었습니다. 할아버지는 웃음을 머금고 입을 열었습니다.

"다른 사람을 위해 돈을 쓴 사람들이 훨씬 행복해했습니다. 무엇이 우리를 행복하게 만들까요? 엄청나게 많은 돈을 가진다고 행복해지지는 않습니다. 우리가 남을 위해 무언가를 하면 우리는 스스로 보람을 느끼게 됩니다. 현재의 나의 일상이 소중해집니다. 그러면서 우리는 행복해지는 것입니다. 절약을 하면서 작은 것의 소중함을 느껴 보세요. 그리고 절약한 돈을 다른 사람을 위해 써

보세요. 큰돈이 아니라도 상관없습니다. 작은 정성들이 모여 큰일을 해낼 수 있습니다. 여러분에게 드릴 두 번째 열매는 바로 이 나눔의 열매입니다."

"아하!"

선생님과 아이들은 감탄을 터트렸습니다.

"여러분, 저는 예전에 운영했던 회사를 퇴직하고 지금은 벼룩시장에서 재활용품을 팔고 있습니다. 큰돈은 아니지만 하루하루가 너무나 행복합니다. 저와 같이 이 일을 함께 하는 동업자가 있습니다. 사람들이 저를 회장님이라고 부르니까, 그 친구는 사장님이라고 불러야 할 것입니다. 그 친구는 나이가 아홉 살입니다."

"아홉 살이라고요?"

"아홉 살 사장님?"

아이들이 어리둥절한 표정을 지었습니다.

"그 친구는 이름이 참으로 훌륭합니다. 욕심을 버린 빈 마음으로 최선을 다한다는 뜻이지요. 바로 여러분 사이에 있습니다."

할아버지의 시선이 다빈이를 향했습니다.

"정다빈 사장님!"

다빈이는 깜짝 놀라 가슴이 철렁했습니다. 다빈이는 얼떨떨한 표정으로 자리에서 일어났습니다. 수백 명의 아이들과 선생님이 다빈이를 쳐다봤습니다.

"저와 함께 재활용품들을 수리하고, 깨끗하게 닦고, 색칠해서 벼룩시장에 팔았습니다. 그리고 이렇게 열심히 번 돈을 모두 어려운 이웃을 위해 기부했습니다. 여러분, 아홉 살 사장님인 정다빈 군에게 박수를 부탁드립니다!"

"와!"

아이들이 감탄을 터트리며 손뼉을 쳤습니다. 다빈이는 얼굴이 화끈화끈 달아올랐습니다.

며칠 뒤, 학교 운동장에서 이웃 사랑 바자회가 열렸습니다. 수익금은 모두 어린이 도서관에 책을 기부하는 데 쓰기로 했습니다.

아이들은 저마다 집에서 가져온 물건들을 팔았습니다. 토요일 오후라서 많은 동네 사람들과

학부모들이 학교를 찾았습니다.

다빈이는 할아버지와 함께 재활용품을 팔았습니다. 앞치마와 장갑, 셔츠와 의자, 그림책과 장난감 등을 내놓았습니다. 또 샴푸와 무좀약, 염색약도 내놓았지요.

"쌉니다! 얼른 사 가세요! 너무 싸서 둘이 사다가 하나가

죽어도 모릅니다!"

다빈이는 손뼉을 치며 장사꾼 흉내를 냈습니다. 어른들과 아이들이 웃겨서 배를 잡았습니다. 다빈이를 놀리고 흉보던 현철이와 민지, 연주가 이제는 부러운 눈길로 쳐다봤습니다.

"앞으로 정다빈 사장님이라고 불러라. 알았어?"

다빈이가 어깨를 으쓱하며 우쭐댔습니다.

"우리 다빈이가 장사를 잘하네."

다빈이의 엄마 아빠는 다빈이가 기특해 연신 칭찬을 했습니다. 그 옆에는 솔찬이네 부모님이 서 있었습니다.

"다빈아, 솔찬이가 네 자랑을 얼마나 하는지 몰라. 네가 할아버지랑 사업을 한다면서 너무 부러워하더라."

솔찬이 엄마가 말했습니다. 솔찬이는 말없이 웃었습니다. 솔찬이가 가져온 물건은 동화책과 아껴 두었던 학용품이었습니다. 그 학용품 안에는 다빈이가 함부로 버렸던 지우개도 있었습니다. 다빈이는 문득 부끄러워졌습니다.

"너랑 같이 여기서 팔아도 돼?"

솔찬이가 물었습니다.

"좋아. 하지만 지켜야 할 조건이 있어."

다빈이가 말했습니다.

"사장님이라고 불러. 그러면 널 부사장 시켜 줄게."

"하하하. 네, 정다빈 사장님."

사람들이 모두 웃었습니다. 파란 하늘에 행복한 구름이 둥실둥실 흘러가는 오후였습니다.

날짜	20◇◇년 ◇월 ◇일 ◇요일	날씨	맑음

내가 드디어 사장님이 됐다. 회사 이름은 왕짠돌 회사라고 지었다.

앞으로 아끼고 아껴서 짠돌이 대왕이 될 테다.

바자회가 끝나고 솔찬이 집에 놀러갔다. 그런데 집이 아주 부자였다.

솔찬이 아빠는 큰 회사의 사장님이고, 엄마는 의사였다.

그런데도 솔찬이는 물건을 아껴 썼던 거다.

솔찬이는 정말 멋진 친구다.

그런데 솔찬이 부모님께서 충격적인 말씀을 해 주셨다.

물건을 낭비하는 건 지구를 병들게 하는 행동이란 것이다.

사람들이 물건들을 아껴서 사용하지 않고 마구 버려서 지금 지구가

오염되고, 지구 온난화가 생기고, 북극곰이 죽어 가고 있다고 했다.

그렇다면 내가 지금까지 지구를 병들게 했다는 걸까?

앞으로 나는 왕짠돌 회사를 무럭무럭 키워 나갈 것이다. 그래서

지구를 지키고 사람들을 돕는 세계 최고의 기부 회사를 만들 것이다.

친구들아, 내 꿈이 부럽지?

오늘의 궁금증?

절약을 하지 않으면 왜 지구 환경이 나빠지는 걸까?

다빈이의 궁금증을 해결해 볼까요?

왜 우리 돈을 아프리카 어린이들에게 보내는 거예요?

가난하고 어려운 사람을 돕는 것을 '기부'라고 한단다. 아프리카에는 가난하고 어려운 사람들이 무척 많아. 1950년대 6·25 전쟁이 일어난 직후에 우리나라도 몹시 어려웠었어. 그때 다른 나라들이 우리나라를 도와주었지. 그 도움의 손길이 어려움을 이겨 내는 데 큰 힘이 되었어.

이제는 우리나라가 어려운 나라를 도울 차례야. 우리의 도움을 받은 나라들이 어려운 상황에서 벗어나 지금의 우리나라처럼 다른 나라를 돕는다고 생각해 봐. 그렇게 서로서로 도움의 손길을 주다 보면 지구촌 모든 나라가 행복해지지 않을까? 그래서 세계 여러 나라들이 아프리카 어린이들을 돕는 거란다.

돈이 많다고 마구 쓰면 정말 행복해질까요?

맛있는 음식이 많다고 해서 마구 먹으면 행복하기만 할까? 결국에는 살이 찌고, 건강이 나빠질 거야.

돈이 많아도 마찬가지란다. 사고 싶은 것 마음대로 사고, 하고 싶은 일 마음대로 한다고 해서 행복해지지는 않아. 처음에는 좋을지 몰라도 너무 쉽게 모든 걸 갖게 된다면 열심히 노력해서 원하는 것을 가지고 소망을 이루는 기쁨과 행복을 느끼지 못할 거야. 세상에 소중한 것도 없어지겠지.

뭐든지 돈으로 해결하려는 마음에 빠져서 살게 되고, 더 큰 것을 갖기 위해 자꾸자꾸 욕심을 부리게 되지 않을까?
행복은 돈에서 오는 게 아니야. 평소에 내가 어떨 때 행복을 느끼는지 잘 생각해 보면 진정한 행복이 무언지 알 수 있을 거야.

왜 할아버지는 벼룩시장에서 번 돈을 모두 기부했어요?

부자들은 어떻게 부자가 되었을까? 부자는 혼자 힘으로 된 것이 아니야. 만약 회사의 사장이라면, 회사에서 열심히 일한 많은 근로자가 있었기 때문에 부자가 될 수 있었던 거야. 아무도 회사를 위해 열심히 일하지 않는데 회사가 점점 발전하거나 돈을 많이 벌 수 있을까?
이렇듯 누구도 혼자서 부자가 될 수는 없어. 어떤 형태로든 다른 사람들의 도움으로 부자가 된 거지. 따라서 자기가 번 돈을 다른 사람들을 위해 쓰는 건 더불어 살아가는 사회에서 부자가 꼭 해야 할 의무란다.

용돈을 계획적으로 사용하려면 어떻게 해야 해요?

돈이 생기면 언제나 계획적으로 사용하는 습관을 길러야 해. 어렸을 때부터 그런 습관을 길러 두면 어른이 되었을 때 낭비하지 않고 알뜰하게 돈을 관리할 수 있지.

용돈을 계획적으로 쓰려면 우선 저금통을 하나 준비해. 쉽게 열고 닫을 수 있는 저금통이 아니라 열기 어려운 저금통 말이야. 그래야 꺼내 쓰지 않게 되니까.

용돈을 받으면 꼭 써야 할 돈을 남겨 두고, 나머지 돈은 모두 저금통에 저금하도록 해. 그리고 쓴 돈은 꼭 용돈 기입장에 모두 기록해 둬. 어디에 썼는지 적어 두면 혹시라도 낭비한 경우 다음번에 용돈을 아낄 수 있는 방법을 찾을 수 있거든.

저금통이 어느 정도 차면 은행에 가서 통장을 만들어서 저축해. 그렇게 차곡차곡 저축을 늘리다 보면 어느새 돈을 모으는 즐거움을 알 수 있을 거야. 참! 돈은 한꺼번에 많이 갖고 다니지 말고, 꼭 필요한 만큼만 갖고 다녀야 해. 알았지?

돈을 절약하는 것과 무조건 안 쓰는 건 어떻게 달라요?

지독하게 인색한 사람을 '자린고비'라고 해. 조기를 천장에 매달아 놓고 밥 한 술 먹을 때마다 식구들에게 반찬 대신 조기를 쳐다보게 했다고 하지. 자린고비는 무조건 돈을 안 쓰는 사람이야. 꼭 써야 할 상황에도 돈을 안 써서 다른 사람들에게 손가락질당하고 비웃음을 사지.

하지만 절약을 하는 사람은 다르단다. 절약은 무조건 돈을 안 쓰는 게 아니야. 꼭 필요한 곳에는 돈을 쓰되, 낭비를 하지 않는 거지.

절약하는 사람은 사치스러운 물건을 사지 않는 사람이야. 물건을 아껴 쓰고 적은 돈도 소중하게 여길 줄 알지만, 어려운 사람을 위해서는 선뜻 기부를 할 줄 아는 사람이란다.

절약을 하지 않으면 왜 지구 환경이 나빠지는 거예요?

남은 음식을 마구 버리면 어떻게 될까? 지우개나 연필, 필통, 가방 같은 물건을 쉽게 버리고 새 물건을 사면 버려진 물건들은 어떻게 될까? 쓰레기가 되어 점점 지구를 오염시킬 거야.
불에 태우면 되지 않냐고? 쓰레기를 태울 때 나오는 연기는 대기를 오염시키고, 사람들이 아무렇지도 않게 버린 물건들은 땅과 물을 오염시키고 있어.
우리가 한 번 쓰고 버리는 일회용 물건들 역시 땅을 오염시키는 큰 골칫덩어리야. 우리가 마시고 버리는 종이컵이 땅에서 분해되는 데 시간이 얼마나 걸리는 지 아니? 20년 정도야. 우유팩은 1년, 알루미늄캔이나 음료수 병은 100년, 스티로폼 용기는 500년이 걸리지.
우리가 버린 쓰레기들이 땅속에 계속 묻힌다고 생각해 봐. 끔찍하지? 그러니까 되도록 일회용 물건들을 사용하지 말고 물건을 절약하고 아껴 써야 하는 거란다. 우리가 버리는 쓰레기를 줄이는 것이 지구 환경을 지키는 첫걸음이라는 것, 잊지 말도록 해.

2012년 1월 20일 1판 1쇄 발행
2020년 5월 1일 1판 3쇄 발행

글 서지원 | **그림** 시은경
회장 나춘호 | **펴낸이** 나성훈 | **펴낸곳** (주)예림당
등록 제4-161호
주소 서울시 강남구 삼성동 153번지
구매 문의 전화 예림M&B 561-9007
　　　　　　　팩스 예림M&B 562-9007
책 내용 문의 전화 3404-9213
http://www.yearim.kr

편집 상무 유인화
기획 및 편집 책임 전윤경 | **편집** 서인하
디자인 디자인스퀘어
국제업무 고은정・한민혜・장민경
홍보 박일성・김선미・이미영・이지훈・김진영・김민경
제작 정병문・신상덕・곽종수・이기성
마케팅 예림M&B | **특판팀** 채청용・서우람・최순예

ⓒ 2012 서지원 시은경
ISBN 978-89-302-1069-0 73190

*이 책은 저작권법에 따라 보호받는 저작물이므로 무단 전재와 무단 복제를 금합니다. 이 책의 표지 이미지나 내용 일부를 사용하려면 반드시 (주)예림당의 서면 동의를 받아야 합니다.